Thich Nhat Hanh

Zur Ruhe finden

Das Buch

Für unseren Geist ist es schwierig, friedvoll und ruhig zu werden, wenn unser Körper es nicht ist. Der große buddhistische Weisheitslehrer zeigt, wie wir auf einfache Weise in unserem Alltag und zu Hause kleine Orte für Meditation und Erneuerung gestalten können. Dabei können wir Bilder, Klänge oder kleine Plätze nutzen, um innezuhalten und loszulassen. Durch diese Achtsamkeit schaffen wir Räume, um zu uns selbst zurückzukehren, und Bedingungen für Frieden und Glück.

Der Autor

Thich Nhat Hanh, 1926–2022, gilt neben dem Dalai Lama als der bedeutendste und im Westen bekannteste spirituelle Weisheitslehrer des Buddhismus. Der Mönch, Dichter, Gelehrte und Menschenrechtsaktivist wurde schon 1967 von Martin Luther King jr. für den Friedensnobelpreis vorgeschlagen. Über 100 Bücher, in Millionenauflagen erschienen, haben ihn weltweit berühmt gemacht.

THICH NHAT HANH

ZUR RUHE FINDEN

Meditation für zu Hause

Aus dem Englischen übersetzt
von Ursula Richard

HERDER

FREIBURG · BASEL · WIEN

Für die deutsche Ausgabe
© Verlag Herder GmbH, Freiburg im Breisgau 2024
Alle Rechte vorbehalten
www.herder.de

Satz: Layoutsatz Kendlinger Mediendesign, Freiburg
Umschlaggestaltung: Gestaltungssaal, Rohrdorf
Umschlagmotiv: © 45RPM / GettyImages,
© mysondanube / GettyImages
Herstellung: GGP Media GmbH, Pößneck

Printed in Germany

ISBN 978-3-451-07235-2
ISBN E-Book (EPub) 978-3-451-80405-2

INHALT

EINFÜHRUNG

Unser Geist, unser Körper und der Raum, in dem wir leben, sie alle hängen miteinander zusammen. Unser innerer Raum und unser Geistesfrieden werden durch unseren äußeren Raum beeinflusst. Der Buddha sagte: „Der Geist ist durch seine Aktivität der leitende Architekt des eigenen Glücks und Leidens." Für den Geist ist es sehr schwierig, friedvoll zu sein, wenn der Körper nicht in einer friedvollen Umgebung, an einem friedvollen Ort ist.

Sind wir in einer friedvollen Umgebung, können wir zu uns selbst zurückkehren. Das ist der Sinn eines heiligen Ortes. Doch wir brauchen nicht damit zu warten, bis wir eine Kirche, einen Tempel, eine Moschee, Synagoge oder einen anderen kontemplativen Ort finden. Ein kleiner Pfad, der Rand eines Bürgersteigs, ein Flecken Gras oder eine Ecke an unserem Arbeitsplatz reicht dafür. Wenn wir bei uns zu Hause einen Ort für Kontemplation und Meditation schaffen, werden uns Frieden und Freude stets zugänglich sein.

Als Architekt lernte ich, jeden Ort oder Raum hinsichtlich eines spezifischen Zwecks zu betrachten. Ihr Zuhause können Sie auch auf diese Weise anschauen. Sie richten es nicht her, damit andere es fotografieren können oder es in einer Zeitschrift abgedruckt wird, sondern für sich selbst, Ihre Freundinnen und Freunde und Ihre Familie. Es ist ein Ort, damit menschliche Wesen darin wohnen.

Wenn Sie sich zu Hause umschauen, nehmen Sie doch einmal wahr, wie jeder Raum und jedes Möbelstück darin ein besonderes Gefühl schafft. Unser gestaltetes Umfeld beeinflusst, wie wir leben, wie wir mit anderen umgehen und uns mit anderen verbinden. Wo wir Dinge hinstellen, welche Farben wir einsetzen und wie wir unseren Raum gestalten, das sollte für uns von Bedeutung sein. Wann immer Menschen mit Aufmerksamkeit und Zielstrebigkeit Dinge gestalten, sind an diesem Ort Sorgfalt und Liebe gegenwärtig. Wir können diese Sorgfalt und Liebe spüren und uns damit verbinden. Wir treten auch in Verbindung zu dem Ort, an dem wir, oder dem Raum, in dem wir sind. Der Zweck eines heiligen Ortes ist es, uns den Raum zu verschaffen, zu uns selbst zurückzukehren und etwas Tiefes in uns zu berühren. Es ist eine wundervolle Weise der Kommunikation. Wir müssen Teil dieser Kommunikation sein. Sind wir nicht präsent, sondern mit unseren Gedanken ganz woanders oder mit unserem Mobiltelefon beschäftigt, dann ist der wundervollste Ort auf der Welt kein heiliger Ort.

Wenn Sie einen heiligen Ort schaffen, dann nehmen Sie zunächst einmal den Charakter des Ortes wahr, den dieser bereits hat. Der Ort selbst, Ihr Zuhause, hat natürlicherweise eine Botschaft und einen Zweck. Nehmen Sie Ihre Umgebung an und drängen Sie nicht darauf, daraus etwas zu machen, was es nicht ist. Ein Schlafsaal, ein Loft, ein Haus im viktorianischen Stil oder ein Bungalow drücken alle unterschiedliche Zwecke aus. Wir können mit der unserem Zuhause eigenen

Atmosphäre arbeiten und sehen, was wir daraus machen können.

Es ist kein abstraktes, rein konzeptuelles Projekt, einen heiligen Ort zu schaffen. Sie müssen dazu den Raum und die darin vorhandenen Objekte mit Ihrem Körper berühren. Bei einer Gestaltung am Computerbildschirm wird das Ergebnis schnell etwas von harten Linien und rechten Winkeln Begrenztes, etwas Exaktes haben. Legen Sie das Notebook oder das Papier beiseite und bewegen Sie sich ganz spielerisch in diesem Raum wie ein Kind.

Wie man einen Raum herrichtet, ist etwas sehr Einfaches, aber es zeigt, was Ihnen wichtig ist. Auf sehr einfache Weise können Sie zu Hause einen Ort für Meditation und Erneuerung schaffen. Sie brauchen dazu nicht viel Platz, eine Ecke reicht dafür. Solange es eine friedvolle, offene Ecke ist, für achtsame Kontemplation reserviert, kann es Ihr Zuhause transformieren.

Bruder Phap Dung

*Der Schlüssel für eine häusliche
Meditationspraxis liegt darin,
dass wir uns einen Raum schaffen,
an dem die Geschäftigkeit endet.*

EINS

INNEHALTEN

Wir sind meist den ganzen Tag lang beschäftigt, und wenn wir nach Hause kommen, machen wir damit weiter. Wir kochen, putzen und werkeln herum. Vielleicht ermüdet uns unsere Geschäftigkeit dann irgendwann so, dass wir etwas Geistloses, Einfaches tun wollen wie fernsehen, duschen oder ein Schläfchen machen. Und danach sind wir dann wieder geschäftig.

Es gibt eine Möglichkeit, sich erfrischt und wach zu fühlen, ohne geschäftig zu sein. Alles, was wir dazu brauchen, sind Dinge, die uns daran sanft erinnern – ein Ort, ein Bild oder ein Klang – und uns helfen, zu uns selbst zurückzukehren und dem, was in uns und außerhalb von uns ist, unsere Aufmerksamkeit zu schenken. Wir können den gegenwärtigen Moment in seiner ganzen Fülle und Freude berühren, wenn wir einen Ort haben und innezuhalten vermögen. Den chaotischen Gedankenstrom anzuhalten ist der erste Schritt in unserer Meditationspraxis.

Der Schlüssel für eine häusliche Meditationspraxis liegt darin, dass wir uns einen Raum

15

schaffen, an dem die Geschäftigkeit endet. Halten wir inne und bringen unseren Geist zu unserem Körper zurück, dann können wir all dem unsere volle Aufmerksamkeit schenken, was im gegenwärtigen Moment geschieht. Wir nennen das „Achtsamkeit". Achtsam zu sein bedeutet, hier zu sein, vollkommen gegenwärtig, vollkommen lebendig, unbelastet von Gedanken an Vergangenes oder Zukünftiges, an unsere Sorgen oder Projekte. Nur wenn wir innehalten, begegnen wir dem Leben. Wenn wir innehalten, können sich Körper und Geist vereinen, und wir vermögen ihre Einheit zu erfahren.

Indem wir die Aktivitäten unseres Geistes und Körpers anhalten – einfach dadurch, dass wir still sitzen und ein- und ausatmen –, wir innerlich still werden und unsere Anspannung und Sorgen loslassen – festigt uns das, wir können uns besser konzentrieren und denken. Dann sind wir auch imstande, das, was in uns und außerhalb von uns geschieht, auf eine tiefe Weise zu betrachten. Lassen wir Anspannung und Sorgen los, können wir uns auf das Glück ausrichten, das uns genau jetzt zugänglich ist, wir können sehen, dass die Bedingungen für unser Glück bereits da sind.

Die Grundlage des Glücks ist Achtsamkeit, ist unser Gewahrsein. Sind wir nicht dessen gewahr, dass wir glücklich sind, dann sind wir es auch nicht wirklich. Haben wir Zahnschmerzen, wissen wir, wie wundervoll es ist, keine Zahnschmerzen zu haben. Doch wenn wir dann keine Zahnschmerzen haben, sind wir auch nicht glücklich. Ein Nicht-Zahnschmerz ist sehr angenehm, solange wir seiner gewahr sind. Es gibt so viele erfreuliche Dinge, doch ohne Achtsamkeit können wir sie gar nicht wertschätzen. Wenn wir uns in Achtsamkeit üben, schätzen wir mit der Zeit diese Dinge und lernen, wie wir sie uns bewahren können. Kümmern wir uns gut um den gegenwärtigen Moment, so kümmern wir uns gleichzeitig gut um die Zukunft. Für zukünftigen Frieden wirken bedeutet Frieden im gegenwärtigen Moment finden.

Im Alltag sind wir meist zielorientiert. Wir wissen, wo wir hingehen wollen, und wir sind sehr darauf ausgerichtet, dort anzukommen. Das mag manchmal sinnvoll sein, doch oft vergessen wir einfach, das Unterwegssein zu genießen.

Das Sanskritwort *apranihita* bedeutet „Wunschlosigkeit" oder „Ziellosigkeit". Wir müssen Dingen nicht hinterherlaufen, denn alles ist bereits da, ist in uns. Oft sagen wir uns: „Sitz nicht einfach nur rum! Tu was!" Doch wenn wir uns in Gewahrsein üben, entdecken wir, dass das Gegenteil hilfreicher sein mag: „Tu nicht einfach was, sitz!" Wir können uns angewöhnen, während des Tages immer wieder einmal innezuhalten, in die Gegenwart zurückzukehren und unsere Sorgen und das, was uns so beschäftigt hält, loszulassen. Sind unser Geist und Körper ruhig, können wir unsere Situation klarer sehen und wissen dann besser, was wir tun und was wir lassen sollten. Diese gute Angewohnheit sollten wir entwickeln.

Zunächst mag „Innehalten" als eine Art Widerstand gegen das moderne Leben erscheinen, aber das stimmt so nicht. Es ist keine Reaktion, es ist eine Lebensweise. Das Überleben der Menschheit hängt von unserer Fähigkeit ab, in unserem Hasten innezuhalten.

Innehalten ist der erste Aspekt der Meditation. Der zweite ist eingehendes oder tiefes Schauen. Sind wir ruhig, fried- und freudvoll in Körper und Geist, können wir tief in unsere Schwierigkeiten und Probleme hineinschauen, um ihre Wurzeln zu erkennen, wir können sie verstehen, und das ermöglicht Transformation.

Innehalten gewährt uns den Raum, unser negatives Denken zu beobachten, ohne uns darin zu verfangen. Wir bezeichnen dies als reine Beobachtung. Innehalten lässt uns auch mit dem Positiven und Heilenden in Berührung sein. Der Sinn unserer Praxis besteht nicht darin, das Leben zu vermeiden, sondern darin, zu erfahren und zu zeigen, dass Glück in diesem Leben jetzt und auch in Zukunft möglich ist.

Wir haben uns sehr daran gewöhnt, ständig umherzurennen, selbst zu Hause, sodass es uns nicht leichtfallen mag, das Innehalten zu einer Gewohnheit werden zu lassen. Sichtbare Hinweise überall im Haus oder in unserer Wohnung können uns freundlich daran erinnern, dass gerade jetzt der perfekte Zeitpunkt da ist, innezuhalten und des gegenwärtigen Moments gewahr zu sein. Als Hilfsmittel können auch die folgenden kleine Verse, *gathas* genannt, dienen, die Sie sich aufschreiben und so platzieren können, dass sie einfach nicht zu übersehen sind. Hier sind einige Gathas sowie Vorschläge für gut geeignete Orte:

Auf dem Nachttisch:
Ich wache heute Morgen auf und lächle.
Vierundzwanzig neue Stunden liegen vor mir.
Ich gelobe, jeden Augenblick ganz bewusst zu leben
und alle Wesen mit Augen des Mitgefühls zu
*   betrachten.*

Am Spiegel im Badezimmer:
Wasser hält die Blumen frisch.
Die Blume und ich sind eins.
Wenn die Blume atmet, atme ich.
Wenn die Blume lächelt, lächle ich.

Im Garten:
Die Pflanzen grünen
durch Wasser und Sonne.
Wenn der Regen des Mitgefühls fällt,
wird selbst eine Wüste zum großen grünen Ozean.

Beim Abfalleimer:
Im Abfall sehe ich eine Rose.
In der Rose sehe ich den Abfall.
Alles wandelt sich.
Selbst Beständigkeit ist unbeständig.

In der Nähe der Putzmittel:
Beim Putzen dieses frischen, stillen Raumes,
erwachsen in mir
grenzenlose Freude und Energie.

21

Beim Besen:
Sorgsam fege ich
den Boden der Erleuchtung
und ein Baum des Verstehens wächst aus der Erde.

In der Nähe der Spüle:
Wasser strömt aus den Höhen der Berge hinab,
Wasser fließt tief in der Erde.
Wie ein Wunder kommt das Wasser zu uns
und erhält alles Leben.

Beim Lichtschalter:
Achtlosigkeit ist Dunkelheit,
Achtsamkeit ist Licht.
Mein Gewahrsein beleuchtet alles Leben.

In der Nähe Ihres Meditationsplatzes:
Gefühle kommen und gehen
wie Wolken am windigen Himmel.
Bewusstes Atmen ist mein Anker.

Beim Computer:
Der Geist ist wie ein Computer
mit Tausenden von Seiten.
Ich wähle eine Welt, die ruhig und still ist,
dann ist meine Freude stets frisch.

An der Tür zum Atemraum:
Beim Betreten des Raumes
sehe ich meinen wahren Geist.
Ich gelobe, dass alle Unruhe aufhört,
sobald ich mich gesetzt habe.

An der Haustür:
Ich bin angekommen.
Ich bin zu Hause.

Selbst wenn Sie nur für ein paar Atemzüge
innehalten und sich auf den Atem ausrichten
oder dies nur für eine oder zwei Minuten tun,
ist das sehr wertvoll.

ZWEI
ATMEN

Wir können uns Erinnerungsstützen schaffen, die uns helfen, während des Tages innezuhalten. Vergessen Sie nicht, bewusst zu atmen, wenn Sie eine Erinnerungsstütze für sich gefunden haben – sei es ein Altar, der Klang einer Uhr, eine Glocke, eine Sitzecke oder ein Bild an der Wand. Manche Menschen nutzen dafür auch Vogelgezwitscher, Hundegebell, Flugzeuggeräusche oder Polizeisirenen. Sie können sich ein Blatt an die Wand hängen, auf dem „atme" steht, oder sich den Klang einer Glocke auf Ihren Computer oder Ihr Handy herunterladen und so einstellen, dass von Zeit zu Zeit ein Ton erklingt.

Selbst wenn Sie nur für ein paar Atemzüge innehalten und sich auf den Atem ausrichten oder dies nur für eine oder zwei Minuten tun, ist das sehr wertvoll.

Achtsames Atmen bringt Körper und Geist zusammen. In Ihrem täglichen Leben ist Ihr Körper vielleicht hier, während Ihr Geist in eine ganz andere Richtung strebt. Ihr achtsames Atmen ist wie eine Brücke, die Körper und Geist verbindet.

In dem Moment, in dem Sie einatmen und sich dessen bewusst sind, dass Sie einatmen, in dem Moment beginnen Sie, achtsam zu atmen. Dabei können Sie still sagen:

Ich atme ein und weiß, dass ich einatme.
Ich atme aus und weiß, dass ich ausatme.

Während Sie so atmen, identifizieren Sie einfach das Einatmen als Einatmen und das Ausatmen als Ausatmen. Es ist einfach, ein Kinderspiel, und doch sehr wirkungsvoll. Sie sollten sich nicht damit abquälen oder zu sehr anstrengen, Ihrem Atem Aufmerksamkeit zu schenken. Lassen Sie Ihren Atem leicht und unhörbar fließen.

Das Atmen kann und sollte eine freudvolle Angelegenheit sein! Dem Atem Aufmerksamkeit zu schenken gibt Ihrem Körper die Möglichkeit zu entspannen. Wenn Sie Ihr Gewahrsein für den Atem aufrechterhalten, wird der Atem sich ganz natürlich vertiefen und verlangsamen. Sie können sagen:

Ich atme ein
und bin der Spannungen in meinem Körper gewahr.
Ich atme aus
und lasse alle Spannungen in meinem Körper los.

In unseren geschäftigen Zeiten ist es ein großes Glück, wenn man von Zeit zu Zeit einfach sitzen und bewusst atmen kann. Sobald wir zu Hause mit dem achtsamen Atmen begonnen haben, können wir es tun, wo immer wir sind, zu jeder Tageszeit: während wir arbeiten, Auto fahren oder im Bus sitzen.

Es gibt viele Übungen, die uns dabei unterstützen, bewusst zu atmen. Neben der kurzen Übung des Ein- und Ausatmens gibt es vierzeilige Gathas oder Übungsgedichte, die wir still beim Atmen rezitieren können:

Ich atme ein und beruhige meinen Körper.
Ich atme aus und lächle.
Im gegenwärtigen Moment verweilend,
weiß ich, dies ist ein wundervoller Moment!

„Ich atme ein und beruhige meinen Körper." Wenn Sie diese Zeile rezitieren, ist das, als würden Sie an einem heißen Tag ein Glas kühles Wasser trinken – Sie können spüren, wie die Kühle Ihren Körper durchdringt. Ich fühle tatsächlich, dass mein Atem meinen Körper und meinen Geist beruhigt, wenn ich einatme und diese Zeile spreche.

„Ich atme aus und lächle." Mit einem Lächeln entspannen Sie Hunderte von Muskeln in Ihrem Gesicht. Ein Lächeln zeigt, dass Sie die Verantwortung für sich übernommen haben.

„Im gegenwärtigen Moment verweilend …" Während ich hier sitze, denke ich nicht an etwas anderes. Ich sitze hier und ich weiß genau, wo ich bin.

„… weiß ich, dies ist ein wundervoller Moment!" Es ist eine solche Freude, gefestigt und entspannt dazusitzen und zu unserem Atem, unserem entspannten Lächeln und unserer wahren Natur zurückzukehren. Unsere Verabredung mit dem Leben findet im gegenwärtigen Moment statt. Wenn wir jetzt ohne Frieden und ohne Freude sind, wie können wir morgen oder übermorgen dann in Frieden und voller Freude sein? Was hindert uns eigentlich daran, jetzt, hier glücklich zu sein? Wenn wir unserem Atmen folgen, können wir auch einfach sagen:

Beruhigen,
lächeln,
gegenwärtiger Moment,
wundervoller Moment.

Während wir auf diese Weise bewusst atmen, verlangsamt sich unser Denken und wir ermöglichen unserem Geist und Körper wirklich eine Pause. Es erfrischt uns, so für einige Minuten ein und auszuatmen.

Genießen Sie beim Sitzen einfach das Sitzen.
Sie brauchen kein Ziel zu erreichen.
Jeder Moment der Sitzmeditation macht
Sie lebendig.

DREI
SITZEN

Indem Sie sich zu Hause einen Ort für die Sitzmeditation schaffen, verwandeln Sie am wir-
kungsvollsten Ihren Wohnraum. Ein friedvoller
Bereich für das Sitzen kann die gesamte häusliche
Atmosphäre verändern. Auf diese Weise unterstützen Sie auch Ihre Meditationspraxis. Sitzen
wir Tag für Tag am selben Ort, brauchen wir zu-
nehmend weniger Zeit, uns daran zu erinnern,
immer wieder innezuhalten und zum Atmen zurückzukehren. Hier an diesem Ort helfen Körper
und Geist einander bei der Entspannung. Idealer-
weise dient dieser Ort nur der Meditation und
dem bewussten Atmen, und es ist nicht derselbe
Sessel, in dem Sie ansonsten lesen, oder die
Couch, auf der Sie ansonsten mit Freunden oder
Ihrer Familie sitzen.

Sie können auf dem Boden sitzen, wenn Ihnen
das möglich ist, oder auf einem Stuhl. Beim Sitzen auf dem Boden mag es hilfreich sein, ein Me-
ditationskissen, ein Zafu, zu benutzen. Es sollte
die richtige Dicke und Festigkeit besitzen, um Ihr
Sitzen zu unterstützen und bequem zu machen.

Vielleicht wollen Sie auch zwei Kissen nehmen oder überhaupt keins. Ist das Sitzen auf einem Kissen für Ihre Knie oder Ihren unteren Rücken unbequem, können Sie auch ein niedriges Meditationsbänkcken verwenden, was Ihnen eine Unterstützung beim Knien gewährt. Versuchen Sie, in jeder der von Ihnen gewählten Haltungen den Rücken aufrecht zu halten, und legen Sie Ihre Hände sanft in Ihrem Schoß zusammen. Ist eine Sitzhaltung für Sie zu schmerzhaft, können Sie sich auch auf den Rücken legen, mit möglichst geraden Beinen und den Armen längs des Körpers.

Sind Sie sehr beweglich, können Sie auch den Lotossitz einnehmen. Das ist eine sehr stabile Position, bei der jeder Fuß auf dem gegenüberliegenden Oberschenkel liegt. Ihre Knie sollten dabei den Boden berühren. Beim halben Lotossitz ruht nur ein Fuß auf dem gegenüberliegenden Oberschenkel. Sie können aber auch mit gekreuzten Beinen sitzen oder in der *Chrysantemhaltung*, und das ist jede für Sie bequeme Haltung.

Entscheidend ist die Stabilität. Finden Sie eine Haltung, bei der Sie mit Körper und Geist in Frieden sind, eine Haltung, bei der Sie Ihr Glück berühren können. Sobald Sie eine solch stabile Haltung gefunden haben, werden Sie darin für längere Zeit zu sitzen vermögen.

Haben Sie diese Haltung eingenommen, können Sie beim Atmen still sagen:

Einatmend sehe ich mich als Berg.
Ausatmend fühle ich mich gefestigt.

Sitzen ist eine einfache Möglichkeit, um die Bewegungen des Körpers anzuhalten, und das hilft, die fortwährende Bewegung des Geistes anzuhalten. Genießen Sie beim Sitzen einfach das Sitzen. Sie brauchen kein Ziel zu erreichen. Jeder Moment der Sitzmeditation macht Sie lebendig.

Manchmal haben Sie vielleicht den Eindruck, das Sitzen sei etwas sehr Schwieriges. Doch wenn Sie in der Lage sind, innezuhalten und in Frieden zu sein, dann ist es sehr einfach. Das Sitzen bringt

Ihren Körper dazu, innezuhalten. Und wenn Sie innehalten können, zunächst mit Ihrem Körper, dann mit Ihrem Geist, dann haben Sie schon ein gewisses Maß an Frieden. Beginnen Sie damit, die Unruhe in Ihrem Körper zu beruhigen. Seien Sie in Ihrem Körper stabil, das wird Ihnen helfen, auch in Ihrem Geist Stabilität zu erlangen.

Achtsamkeit beinhaltet Konzentration. Präsent und bewusst zu sein ist bereits Konzentration. Meditation bedeutet, unsere Achtsamkeit und Konzentration lebendig zu halten.

Wir können uns für unsere Konzentration ein Objekt wählen. Das kann einer der Verse in diesem Buch sein; es kann auch eine Person oder eine Situation sein, die wir besser verstehen wollen; es kann auch ein Problem sein, mit dem wir zu tun haben.

Konzentration beinhaltet auch Einsicht; sie befähigt uns, Dinge in neuer Weise zu sehen, mit mehr Verständnis und Mitgefühl.

Beim Sitzen benutze ich fast nie meinen Intellekt. Ich versuche nichts zu analysieren oder kom-

plexe Probleme zu lösen, indem ich über sie nach-
denke. Denken erfordert anstrengende geistige
Arbeit und ermüdet uns schnell. Wenn wir in
Gewahrsein ruhen oder auftauchende Gedanken
und Emotionen erkennen, ermüdet uns das nicht,
selbst wenn wir uns die Zeit nehmen, tief in sie
hineinzuschauen. Wir glauben vielleicht, dass
Meditation eine große Aktivität unserer grauen
Zellen erfordert, aber das stimmt nicht. Meditation ist keine harte Arbeit. Im Gegenteil: Meditation lässt den Geist ausruhen.

Alles, was wir sehen und erfahren, ist von unseren Wahrnehmungen eingefärbt. Viele unserer
Wahrnehmungen über uns und andere sind aber
einfach falsch. Halten wir inne, kommen wir zur
Ruhe und schauen tief, können wir unsere einsei-
tigen Sichtweisen durchbrechen und mit den
Dingen, wie sie sind, in Berührung kommen.

Unser Geist erschafft alles. Die majestätisch
im Schnee glitzernde Bergspitze – das sind Sie
selbst, wenn Sie darüber kontemplieren. Deren
Existenz hängt von Ihrem Gewahrsein ab. Wenn

Sie Ihre Augen schließen, ist der Berg da, solange Ihr Geist gegenwärtig ist. Bei geschlossenen Augen kann Ihr Geist besser sehen. Sind bei der Sitzmeditation einige Sinnesfenster geschlossen, können Sie die Präsenz des gesamten Universums wahrnehmen, denn der Geist ist da, ist gegenwärtig.

Die sichtbaren und hörbaren Objekte der Welt sind nicht Ihre Feinde, und Sie müssen sie nicht als Störungen empfinden. Sie können Teil Ihres Gewahrseinsfeldes sein oder wie Vogelgezwitscher mehr im Hintergrund sein. Das Gefühl der Störung geht nur mit Unachtsamkeit, das heißt mit fehlender Achtsamkeit, einher.

Wenn Sie einen Atemraum haben,
so verfügen Sie über einen Zufluchtsort,
an dem Sie zu sich selbst zurückkehren
und wieder Geistesfrieden finden können.

VIER

EIN ATEMRAUM

In fast jedem Haus oder jeder Wohnung, so klein
sie auch sein mag, ist möglicherweise Platz für
einen Atemraum. Wir haben Räume für so vieles
– ein Badezimmer, ein Schlafzimmer, ein Wohnzimmer –, doch die meisten von uns haben keinen
Raum für bewusstes Atmen und Geistesfrieden.
Sofern Sie nur eine kleine Wohnung und nicht
genügend Platz für einen solchen Extra-Raum
haben, können Sie sich auch in einem Zimmer
eine Atemecke einrichten.

Ihr Atemraum ist ein Zufluchtsort. Sie brauchen keine Möbel darin, nur ein oder zwei Kissen
und eventuell noch einen Altar oder einen kleinen
Tisch mit frischen Blumen. Vielleicht lassen Sie
sich von einer Glocke bei der Übung des Innehal-
tens und achtsamen Atmens unterstützen.

Denken Sie sorgsam darüber nach, wie Sie den
Raum oder die Ecke einrichten wollen. Unsere
Freude, an einem bestimmten Ort zu verweilen,
hängt sehr von der Energie dieses Ortes ab. Ein
Raum mag sehr schön eingerichtet sein und sich
doch kalt und ungastlich anfühlen; einem anderen

mag es an Farbe und Mobiliar fehlen, doch man fühlt sich dort einfach wohl und aufgehoben. Wenn Sie mit anderen Menschen zusammenleben, sollten Sie diesen Raum gemeinsam planen und einrichten und vielleicht mit Blumen, schönen Steinen und Fotografien schmücken. Stellen Sie nicht zu viel in diesen Raum. Das Wichtigste sind ein Platz zum Sitzen und eine friedvolle Atmosphäre.

Sie sollten vorab eine Verabredung mit den anderen treffen, dass jeder diesen Atembereich respektiert. Sobald Sie sich dort aufhalten, sollte Sie niemand mehr angreifen oder sogar anschreien dürfen. Sie genießen dort Immunität. Wenn Sie hören, dass sich Familienmitglieder im Atemraum aufhalten, können Sie sie unterstützen, indem Sie leiser sprechen oder sich ihnen anschließen. Sind Sie sehr ärgerlich und aufgeregt, werden Sie wieder mehr Klarheit finden, wenn Sie den Atemraum aufsuchen.

Fühlen Sie sich unwohl, traurig oder wütend, können Sie den Atemraum aufsuchen, die Tür schließen, sich hinsetzen und den Klang der Glocke einladen – in der Zen-Tradition sprechen wir nicht davon, dass wir eine Glocke anschlagen, wir sagen, wir „laden" sie ein, üblicherweise mit einem Holzschlegel – und atmen achtsam. Wenn Sie auf diese Weise zehn oder fünfzehn Minuten lang bewusst atmen, werden Sie sich schon besser fühlen. Möglicherweise würden Sie sich ohne einen solchen Raum gar keine Pausen erlauben, selbst in Ihrem eigenen Zuhause nicht. Sie fühlen sich vielleicht unruhig, ärgern sich über andere oder sind traurig. Selbst wenn Sie nur wenige Minuten in Ihrem Atemraum verbringen, werden Sie sich danach doch besser fühlen und ein Verständnis für die Ursachen Ihres Unbehagens finden.

Ich habe einmal einen kleinen Jungen gefragt: „Mein Kind, wenn deine Eltern ärgerlich miteinander oder mit dir reden, hast du dann eine Möglichkeit, ihnen zu helfen?" Der Junge schüttelte den Kopf und sagte: „Ich weiß nicht, was ich dann tun soll. Ich bekomme große Angst und versuche wegzulaufen." Das Kind hatte kurz zuvor von dem Atemraum erfahren, und so sagte ich: „Wenn ein Erwachsener in deiner Familie wütend wird, kannst du ihn, sei es deine Mutter oder dein Vater, in den Atemraum einladen, damit er oder sie dort gemeinsam mit dir atmet."

Alle, die gemeinsam in einem Haushalt leben, können den Atemraum aufsuchen, die Glocke einladen und sitzen. Das wird ihnen helfen, sich daran zu erinnern, bewusst zu atmen und zu sich selbst zurückzukehren.

Auch wenn Sie allein leben, brauchen Sie einen Atemraum. Sonst haben Sie keinen separaten Ort, der Sie dabei unterstützt, bei sich selbst anzukommen, und Ihr Zuhause wird von Ihrer Ruhelosigkeit geprägt sein.

Sobald Sie den Atemraum betreten haben, verleiht Ihnen das einen Schutz vor der Enttäuschung und der Wut innerhalb und außerhalb von Ihnen. Im Atemraum gibt es kein Reden, Streiten, keine Auseinandersetzung. Sie sitzen einfach da und atmen. Mit einem Atemraum haben Sie einen Zufluchtsort, an dem Sie zu sich selbst zurückkehren und wieder Geistesfrieden finden können.

Der Atemraum muss nicht der einzige Raum in Ihrem Zuhause sein, wo die Menschen friedvoll und ruhig sind. Machen Sie aus Ihrem Wohnzimmer einen Raum für ein Miteinander ohne Fernseher und Computer. Familien können verabreden, das Wohnzimmer zum Zusammensein zu nutzen, als Ort, um sich aneinander zu erfreuen, miteinander zu reden und einander wirklich zuzuhören. Wir können aus jedem Raum, jeder Ecke unserer Wohnung einen friedvollen Ort machen, der den Menschen Raum zum Atmen gibt.

*Der Klang der Glocke erinnert uns
stets daran, uns auf unser Atmen auszurichten und
zu uns selbst zurückzukehren.*

FÜNF

DIE GLOCKE EINLADEN

Es ist wunderbar, wenn wir im Atemraum eine kleine Glocke haben. Der Klang der Glocke erinnert uns stets daran, uns auf unser Atmen auszurichten und zu uns selbst zurückzukehren. Im Buddhismus sprechen wir davon, dass der Klang der Glocke die Stimme des Buddha ist, mit der er uns ruft, Freude und Frieden in uns zu berühren. Der Klang von Kirchenglocken oder anderen Aufrufen zum Gebet oder Gottesdienst mag in Ihnen eine ähnliche Reaktion auslösen.

Sie können die Glocke zu Beginn und am Ende Ihrer Meditation einladen. Und wenn Sie mögen, können Sie sie auch während der Meditation einladen als eine Erinnerung an Ihren umherschweifenden Geist, nach Hause zu Ihrem Körper zurückzukehren.

Es ist auch eine gute Sache, eine Glocke dort zu haben, wo es in Ihrem Zuhause geschäftiger zugeht, wie auf dem Esstisch oder im Wohnzimmer. Wenn es arg laut oder unruhig wird, kann jeder Mitbewohner die Glocke einladen. Sie sollten zuvor vereinbart haben, dass beim Klang der

Glocke alle innehalten und dreimal achtsam ein- und ausatmen, bevor jeder zu dem zurückkehrt, womit er oder sie gerade beschäftigt ist.

In einer Gruppe ist die Person, die die Glocke einlädt, die Glockenmeisterin, der Glockenmeister in diesem Moment. Sie lädt die Glocke achtsam ein, indem sie sie zunächst sanft mit dem Holzschlegel berührt, um sie „aufzuwecken", und dann lädt sie sie, einmal achtsam ein- und ausatmend, zu einem vollen Glockenklang ein.

Wenn Sie die Glocke einladen, können Sie still die folgenden Worte sprechen; beim Einatmen sprechen Sie die ersten beiden Zeilen, beim Ausatmen die dritte:

Höre, Höre.
Dieser wundervolle Klang bringt mich
zu meinem wahren Zuhause zurück.

Die „Kuchen im Kühlschrank"-Übung
können Sie nutzen,
um Harmonie wiederherzustellen.

SECHS

DER KUCHEN IM KÜHLSCHRANK

Dieser Kuchen besteht nicht wie ein Biskuitkuchen aus Mehl und Zucker. Von diesem Kuchen können Sie wieder und wieder essen, und er ist doch nie zu Ende.

Die „Kuchen im Kühlschrank"-Übung können Sie nutzen, um Harmonie wiederherzustellen, wenn die häusliche Atmosphäre angespannt ist, weil die Kinder oder Erwachsenen sich streiten, rumbrüllen oder weinen. Atmen Sie zunächst dreimal ein und aus und sagen Sie dann zu dem Menschen, mit dem Sie sich gerade streiten (oder zu den Menschen, die wütend aufeinander sind): „Ich erinnere mich daran, dass wir einen Kuchen im Kühlschrank haben." Ob tatsächlich ein Kuchen da ist oder nicht, macht keinen Unterschied.

Der Satz „Wir haben einen Kuchen im Kühlschrank" bedeutet wirklich: „Lasst uns einander nicht länger Leid zufügen." Der Kuchen ist ein nützliches Werkzeug, damit Menschen gefährliche Situationen verlassen. Einer der Anwesenden kann zum Kühlschrank gehen und den Kuchen oder etwas anderes Leckeres zum Essen herausholen und eine andere kann den Tisch decken. Das gibt ihnen einen Grund, den Streit zu verlassen und sich etwas Raum zu nehmen und durchzuatmen. Während Sie den Kühlschrank öffnen und den Kuchen herausnehmen und Wasser zum Teetrinken aufsetzen, können Sie Ihrem Atem folgen. Bald schon werden Sie sich sehr viel leichter in Körper und Geist fühlen.

Derjenige, der ärgerlich geworden ist, hat die Gelegenheit, das Zimmer zu verlassen und friedvoll zu atmen, während die anderen Tee und Kuchen vorbereiten. Vielleicht sind dann alle bereit und imstande, in entspannter, verständnisvoller Atmosphäre zusammen zu sein. Haben Sie Tee und Gebäck vorbereitet und die andere Person ist noch nicht da, können Sie freundlich zu ihr gehen und sagen: „Komm doch, damit wir zusammen Tee trinken und Kuchen essen können."

Ob Sie die „Kuchen im Kühlschrank"-Übung einsetzen oder die Glocke einladen oder im Atemraum zusammen sind – jedes Mal wird dies die friedvolle, harmonische Atmosphäre in Ihrem

Zuhause mehren. Sie alle werden die Gefühle von Liebe und Frieden in diesem Raum aufnehmen, wenn Sie zusammen still sind und gemeinsam atmen. Niemand muss dann noch etwas sagen.

Als Familie zusammen zu praktizieren gibt uns viele Gelegenheiten, in unseren Fähigkeiten, einander zu verstehen und zu lieben, zu wachsen. Jeder Tag, jeder Moment schenkt uns die Gelegenheit für einen Neubeginn, dafür, die Türen zu unserem Herzen zu öffnen und gemeinsam für die Transformation und Heilung unserer Familie, unserer Welt und von uns selbst zu praktizieren.

*Mit einem Hausaltar erweisen wir unseren Vorfah-
ren und der uns umgebenden Welt
Respekt. Er erinnert uns daran, dass alles,
was wir lieben, auch in uns ist.*

SIEBEN

EINEN ALTAR HERRICHTEN

Vielleicht mögen Sie in Ihrem Atemraum oder der Atemecke einen Altar aufstellen. Auf dem Altar in meiner Einsiedelei in Frankeich stehen Bilder von Buddha und Jesus, und jedes Mal, wenn ich ein Räucherstäbchen entzünde, bin ich mit diesen beiden als meinen spirituellen Vorfahren in Berührung. Sind Sie mit jemandem in Berührung, der oder die in authentischer Weise eine Tradition repräsentiert, berühren Sic nicht nur diese Tradition, sondern auch Ihre eigene.

In Ostasien hat jede Familie ihren Familienaltar. Wann immer in der Familie ein besonderes Ereignis stattfindet, wie die Geburt eines Kindes zum Beispiel, entzünden wir Räucherwerk und geben so unseren Vorfahren Kenntnis von der Neuigkeit. Wenn unser Sohn künftig die Universität besucht, bringen wir eine Opfergabe dar und verkünden, dass unser Sohn deshalb von zu Hause weggehen wird. Kommen wir nach einer langen Reise nach Hause zurück, ist das Erste, was wir tun, unseren Vorfahren Räucherwerk darzubringen und so unsere Rückkehr anzuzeigen.

Unserem Gefühl von Verwurzelung ist es zuträglich, wenn wir auf unserem Altar Bilder von unseren leiblichen Verwandten und unseren spirituellen Vorfahren haben. Die Möglichkeit, unser spirituelles Erbe wertzuschätzen und in uns weiterzuentwickeln, lässt uns eine größere Ganzheitlichkeit erfahren. Lernen wir, die Juwelen unserer eigenen Tradition tief zu berühren, werden wir auch die Werte anderer Traditionen besser verstehen – und das kommt allen zugute.

Auf Ihren Altar können Sie eine Glocke stellen, einen Halter für Räucherstäbchen, eine kleine Statue, ein oder zwei Kerzen oder einen kleinen Stein. Alles, was Ihnen in diesem Zusammenhang sinnvoll erscheint, kann dort seinen Platz finden. Es ist wichtig, dass alle, mit denen Sie zusammenleben, für sich eine Verbindung zu dem Altar herstellen können. Wenn auch sie etwas hinzufügen wollen, bringen sie vielleicht von einem Spaziergang in der Natur etwas mit, das für sie Schönheit, Festigkeit oder Gutheit repräsentiert – vielleicht ist es ein Stein, ein Blatt, ein Tannenzapfen oder eine Blume.

Auch Worte, die Ihnen helfen, sich zu erden, können Sie in Form kleiner Kärtchen auf den Altar stellen. Einige Menschen nehmen dazu die Worte aus der Atemmeditation:

Ein, aus.
Tief, langsam.
Ruhig, entspannt.
Lächeln, loslassen.
Gegenwärtiger Moment, wundervoller Moment.

Vielleicht möchten Sie auch andere Schlüsselworte aufschreiben, die Sie leicht behalten können und die Sie daran erinnern, während des Tages achtsam zu atmen.

Dinge auf einen Altar zu stellen bedeutet nicht, dass wir uns vor diesen Objekten verbeugen oder sie verehren. Eine Buddhastatue ist zum Beispiel eine Erinnerung an unsere eigenen Fähigkeiten, achtsam, wach, liebevoll und annehmend zu sein.

Mit einem Hausaltar erweisen wir unseren Vorfahren und der uns umgebenden Welt Respekt.
Er erinnert uns daran, dass alles, was wir lieben,
auch in uns ist.

Zu lieben bedeutet als Erstes uns selbst,
so wie wir sind, anzunehmen.

ACHT
METTA-MEDITATION

Metta bedeutet liebende Güte. Zu lieben bedeutet als Erstes uns selbst, so wie wir sind, anzunehmen. Wenn wir Metta- oder Liebende-Güte-Meditation praktizieren, erkennen wir die Bedingungen, die uns zu dem gemacht haben, was wir sind. Das macht es uns leichter, uns anzunehmen – unser Leiden wie auch unser Glück.

Halten wir inne und atmen bewusst, so können wir beobachten, über wie viel Frieden, Glück und Leichtigkeit wir bereits verfügen, aber auch, wie viel Wut, Ärger, Angst, Kummer und Sorgen in uns sind. Werden wir uns unserer Gefühle bewusst, dann wächst unser Verstehen für uns selbst. Wir sehen, wie unsere Ängste, unser mangelnder innerer Frieden zu unserem Unglück beitragen, und wir erkennen, wie wertvoll es ist, wenn wir uns selbst lieben und ein mitfühlendes Herz entwickeln.

Setzen Sie sich für die Metta-Meditation an einen ruhigen Ort, nehmen Sie eine bequeme Haltung ein, lassen Sie Ihren Körper und Ihre Atmung zur Ruhe kommen und sprechen Sie die folgenden Worte still für sich. Wenn Sie in Stille sitzen, sind Sie nicht so sehr mit anderen Dingen beschäftigt und können sich von daher tief betrachten, so wie Sie sind, und Liebe und Zuneigung für sich selbst entwickeln. Und dann können Sie schauen, wie Sie diese Liebe in der Welt am besten zum Ausdruck bringen können.

Möge ich friedvoll, glücklich und leicht
in Körper und Geist sein.
Möge ich sicher sein und frei von Verletzungen.
Möge ich frei sein von Wut, Kummer,
Angst und Sorge.

Beginnen Sie die Liebende-Güte-Meditation mit sich selbst und benutzen Sie das Pronomen „ich". Solange Sie nicht imstande sind, sich selbst zu lieben und auf sich selbst achtzuhaben, so lange sind Sie auch für andere nicht sehr hilfreich. Ersetzen Sie dann das „ich" durch „er", „sie" (im Singular und Plural) und beziehen Sie es zunächst auf jemanden, den Sie mögen, dann auf jemanden, dem Sie neutral gegenüberstehen, dann auf jemanden, den Sie lieben, und schließlich auf jemanden, an den nur zu denken Ihnen schon Probleme verursacht.

Der menschliche Körper besteht aus fünf Elementen: Form (der Körper), Gefühle, Wahrnehmungen, geistige Formkräfte (Ideen, Begriffe und Gedanken) und Bewusstsein. Diese Elemente sind Ihr Territorium, der Raum, den Sie besetzt halten. Um zu wissen, wie es wirklich um Sie bestellt ist, müssen Sie Ihr eigenes Territorium kennen, und dazu gehören auch die Elemente in Ihnen, die vielleicht im Krieg miteinander sind. Um innere Harmonie, Heilung und Versöhnung zu erlangen, müssen Sie sich selbst verstehen. Tief zu schauen und zu lauschen, das eigene Territorium zu begutachten, damit beginnt die Liebende-Güte-Meditation.

Sie können die Meditation mit den folgenden Bestrebungen fortsetzen.

*Möge ich friedvoll, glücklich und leicht
in Körper und Geist sein.
Möge sie friedvoll, glücklich und leicht
in Körper und Geist sein.
Möge er friedvoll, glücklich und leicht
in Körper und Geist sein.
Mögen sie friedvoll, glücklich und leicht
in Körper und Geist sein.*

*Möge ich sicher sein und frei von Verletzungen.
Möge sie sicher sein und frei von Verletzungen.
Möge er sicher sein und frei von Verletzungen.
Mögen sie sicher sein und frei von Verletzungen.*

*Möge ich frei sein von Wut, Kummer,
Angst und Sorge.
Möge sie frei sein von Wut, Kummer,
Angst und Sorge.*

Möge er frei sein von Wut, Kummer,
Angst und Sorge.
Mögen sie frei sein von Wut, Kummer,
Angst und Sorge.

Möge ich lernen, mich mit den Augen des Verstehens
und der Liebe zu betrachten.
Möge er lernen, sich mit den Augen des Verstehens
und der Liebe zu betrachten.
Möge sie lernen, sich mit den Augen des Verstehens
und der Liebe zu betrachten.
Mögen sie lernen, sich mit den Augen des Verstehens
und der Liebe zu betrachten.

Möge ich die Samen der Freude und des Glücks in
mir erkennen und berühren können.
Möge sie die Samen der Freude und des Glücks in
sich erkennen und berühren können.
Möge er die Samen der Freude und des Glücks in
sich erkennen und berühren können.
Mögen sie die Samen der Freude und des Glücks in
sich erkennen und berühren können.

*Möge ich lernen, die Ursachen von Wut, Gier und
Verblendung in mir zu identifizieren und zu
erkennen.*

*Möge er lernen, die Ursachen von Wut, Gier und
Verblendung in sich zu identifizieren und zu
erkennen.*

*Möge sie lernen, die Ursachen von Wut, Gier und
Verblendung in sich zu identifizieren und zu
erkennen.*

*Mögen sie lernen, die Ursachen von Wut, Gier und
Verblendung in sich zu identifizieren und zu
erkennen.*

*Möge ich wissen, wie ich die Samen der Freude in
mir tagtäglich nähren kann.*

*Mögest du wissen, wie du die Samen der Freude in
dir tagtäglich nähren kannst.*

*Mögen wir wissen, wie wir die Samen der Freude in
uns tagtäglich nähren können.*

Möge ich fähig sein, frisch, gefestigt und frei zu leben.
Mögest du fähig sein, frisch, gefestigt und frei zu leben.
Mögen wir fähig sein, frisch, gefestigt und frei zu leben.

Möge ich frei von Anhaftung und Abneigung sein,
aber nicht gleichgültig.
Mögest du frei von Anhaftung und Abneigung sein,
aber nicht gleichgültig.
Mögen wir frei von Anhaftung und Abneigung sein,
aber nicht gleichgültig.

Wir beginnen mit dem Bestreben: „Möge ich …
sein." Dann gehen wir über diese Ebene hinaus
und schauen ganz tief, um zu verstehen. Die bloße
Absicht zu lieben ist noch keine Liebe. Betrachten wir uns, einen anderen Menschen oder eine
Gruppe in tiefer Weise, dann wird unsere Liebe
zu einem wirklichen Anliegen. Die Liebe wird
unsere Gedanken, Worte und Taten durchdrin-
gen, und unser Körper und unser Geist werden
friedvoller, glücklicher und leichter.

Wenn wir eine köstliche Mahlzeit genießen können,
dann ist das etwas sehr Wertvolles,
was längst nicht allen Menschen möglich ist.

NEUN
KOCHEN UND ESSEN

Achtsames Essen ist ein wichtiger Teil unserer Meditationspraxis – sie beginnt beim Gemüseschneiden, schließt das bewusste Essen ein und endet beim Abwasch. Sind wir achtsam, können wir erkennen, wie viele Elemente – der Regen, der Sonnenschein, die Erde, die Arbeit der Bauern, Fahrer und Verkäuferinnen sowie der Koch – zusammengekommen sind, damit dieses köstliche Essen vor uns stehen kann. Wenn wir in Achtsamkeit essen, lässt uns das erfahren, dass das gesamte Universum unsere Existenz unterstützt.

Wenn wir eine köstliche Mahlzeit genießen können, dann ist das etwas sehr Wertvolles, was längst nicht allen Menschen möglich ist. Viele Menschen auf dieser Welt leiden unter Hunger. Wenn ich eine Reisschale oder ein Stück Brot in den Händen halte, weiß ich, wie glücklich ich mich schätzen kann, und ich empfinde Mitgefühl für die vielen, die nichts zu essen haben oder die ohne Freunde und ohne Familienangehörige sind. Am Esstisch können wir uns all dessen bewusst sein. Achtsames Essen kann die Samen des Mitgefühls und Verstehens nähren und kräftigen. Diese Samen können in uns wachsen und uns die Entschlossenheit geben, etwas dafür zu tun, dass hungrige und einsame Menschen genährt werden.

Dieser Teller voller Essen,
so duftend und appetitanregend es auch ist,
enthält viel Leid.

Die Küche sollte ein Ort der Meditation sein. Vielleicht möchten Sie auch in der Küche einen Altar aufstellen, um sich daran zu erinnern, achtsam zu kochen. Es kann ein kleines Regal sein mit etwas Platz für einen Räucherstäbchenhalter, eine kleine Blumenvase, einen schönen Stein, ein kleines Foto eines Ihrer Vorfahren oder eines spirituellen Lehrers oder eine Statue des Buddha oder eines Bodhisattva – was immer für Sie von Bedeutung sein mag. Beim Betreten der Küche können Sie Ihre Arbeit damit beginnen, dass Sie ein Räucherstäbchen entzünden und achtsames Atmen praktizieren.

Lassen Sie sich für das Kochen genügend Zeit, um sich nicht gehetzt zu fühlen. Seien Sie gewahr, dass Sie und all die, für die Sie kochen, von dieser Nahrung abhängen. Dieses Gewahrsein wird Sie darin unterstützen, gesunde Nahrungsmittel zu verwenden und sie mit Liebe und Achtsamkeit zuzubereiten.

Ist das Essen auf dem Tisch und haben alle Platz genommen, sollten Sie mindestens dreimal achtsam ein- und ausatmen, bevor Sie zu essen beginnen. Sie können sagen:

Ich atme ein und beruhige meinen Körper.
Ich atme aus und lächle.

Essen Sie allein, so machen Sie mit sich aus, einfach nur zu essen und ganz dabei zu sein und nicht während der Mahlzeit zu lesen oder Radio zu hören. Beim gemeinsamen Essen mit anderen sollten Sie sich Zeit nehmen, einander anzuschauen und zuzulächeln. Mit anderen am Tisch zu sitzen bietet eine Chance für ein authentisches

Lächeln, das Freundschaft und Verstehen ausdrückt. Das ist sehr einfach, aber nicht viele Menschen tun es. Für mich besteht der wichtigste Teil der Praxis darin, einander anzuschauen und zu lächeln. Wenn Menschen zusammen essen und einander nicht zulächeln können, dann ist etwas nicht in Ordnung.

Nachdem Sie auf diese Weise bewusst geatmet und gelächelt haben, betrachten Sie die vor Ihnen stehende Nahrung so, dass sie ganz real wird. Dieses Essen zeigt Ihnen Ihre Verbindung mit der Erde. Jeder Bissen enthält das Leben von Sonne und Erde. Es hängt von Ihnen ab, in welchem Ausmaß sich das, was Sie zu sich nehmen, in dieser Dimension zu zeigen vermag. Sie können in einem Stück Brot das gesamte Universum sehen und schmecken. Die Speisen vor dem Essen für einige Sekunden auf diese Weise zu betrachten kann Sie sehr glücklich machen. Sie können sagen:

In dieser Nahrung
sehe ich deutlich,

wie die Präsenz des gesamten Universums
meine Existenz unterstützt.

Nehmen Sie sich am Ende der Mahlzeit ein paar Augenblicke, um wahrzunehmen, dass Ihre Schale oder Ihr Teller nun leer und Sie gesättigt sind. Sie können Ihre Dankbarkeit ausdrücken, dass Sie dieses nahrhafte Essen zu sich nehmen konnten, welches Sie auf dem Pfad der Liebe und des Verstehens unterstützt, und sagen:

Der Teller ist nun leer
und mein Hunger gestillt.
Ich gelobe zum Wohle
aller Lebewesen zu leben.

Wenn Sie die Küche aufräumen und säubern oder den Abwasch machen, tun Sie das so, als würden Sie ein Baby baden, und Sie werden Freude und Frieden in sich spüren und auch nach außen hin ausstrahlen. Sie können sagen:

Geschirr abwaschen
ist wie ein Baby baden.
Das Alltägliche ist das Heilige.
Der Alltagsgeist ist erleuchteter Geist.

Von Zeit zu Zeit möchten Sie vielleicht in Stille essen, selbst wenn Sie Ihre Mahlzeit zusammen mit Ihrer Familie oder mit Freundinnen und Freunden einnehmen. In Schweigen zu essen lässt uns die Kostbarkeit der Nahrung und die Kostbarkeit unserer Freundinnen und Freunde erkennen wie auch unsere enge Beziehung zur Erde und allen Gattungen. Jedes Gemüse, jeder Tropfen Wasser, jedes Stück Brot enthält das Leben auf unserem Planeten und dem gesamten Kosmos. Bei jedem Bissen können wir Sinn und Wert unseres Lebens schmecken.

Beim ersten Mal mag Ihnen eine Mahlzeit in Schweigen merkwürdig erscheinen, doch sobald Sie sich daran gewöhnt haben, werden Ihnen solche schweigend eingenommenen Mahlzeiten zu Frieden, Freude und Einsicht verhelfen. Es ist wie das Ausschalten des Fernsehers vor dem Essen. Wir „schalten" unsere Gespräche manchmal „ab", um die Nahrung und die Gegenwart der anderen zu genießen.

Betrachtungen vor dem Essen

Eine gute Möglichkeit, sich an achtsames Essen zu erinnern, besteht darin, vor dem Essen die Fünf Betrachtungen oder die Sechs Betrachtungen für junge Menschen zu lesen. Sie können den Text auch auf ein Blatt Papier oder eine Karte schreiben und diese dort anbringen, wo Sie während des Essens für Sie sichtbar sind.

Die Fünf Betrachtungen

1. Diese Nahrung ist ein Geschenk des gesamten Universums, der Erde, des Himmels und viel harter Arbeit.

2. Mögen wir in Achtsamkeit essen und uns ihrer damit würdig erweisen.

3. Mögen wir unsere unheilsamen Geisteszustände erkennen und transformieren und lernen, maßvoll zu essen.

4. Mögen wir nur solche Speisen zu uns nehmen, die uns nähren und gesund erhalten.

5. Mögen wir dieses Essen annehmen, um den Pfad des Verstehens und der Liebe zu verwirklichen.

Es gibt eine weitere Version dieser Betrachtungen, die sich gut für Familien mit Kindern eignet:

Sechs Betrachtungen für junge Menschen

1. Diese Nahrung ist ein Geschenk des gesamten Universums: der Erde, des Himmels, des Regens und der Sonne.

2. Wir danken den Menschen, die diese Nahrung hergestellt haben, besonders den Bauern, den Verkäufen auf dem Markt und denen, die es zubereitet haben.

3. Wir nehmen nur so viel auf unseren Teller, wie wir auch wirklich essen können.

4. Wir wollen das Essen langsam kauen, damit wir uns daran erfreuen können.

5. Dieses Essen gibt uns die Energie, liebevoller und verständnisvoller zu sein.

6. Wir nehmen diese Nahrung zu uns, um gesund und glücklich zu sein und einander als Familie zu lieben.

*Tiefenentspannung nährt uns
und lässt uns zur Ruhe kommen.*

ZEHN
SCHLAFEN

Unser Bett sollte ein Ort sein, an dem wir wirklich zur Ruhe kommen und uns erholen können, doch oft denken wir so viel, dass wir uns nicht entspannen und einschlafen können. Natürlich ist das Denken wichtig, doch ein großer Teil unseres Denkens ist sinnlos. Es ist, als hätten wir in unserem Kopf eine Platte, die ununterbrochen Tag und Nacht läuft. Wir denken an das, wir denken an jenes und es ist ganz schwierig für uns, damit aufzuhören. Bei einer Platte müssen wir nur den Stoppknopf drücken, damit es still wird. Doch für unser Denken haben wir keinen solchen Knopf. Wir denken und sorgen uns so viel, dass wir nicht einschlafen können, oder wir haben sogar Albträume.

Lassen wir uns vom Arzt Schlaftabletten oder Beruhigungsmittel verschreiben, verschlimmert das unsere Situation unter Umständen noch, denn wir kommen bei dieser Art des Schlafs nicht wirklich zur Ruhe, und wenn wir diese Medikamente länger nehmen, werden wir möglicherweise von ihnen abhängig.

Wir können stattdessen vor dem Schlafenge-
hen eine Tiefenentspannung machen, entweder
indem wir den Text vorher lesen, ihn als Auf-
zeichnung hören oder ihn auswendig kennen.

Tiefenentspannung

Wenn Sie Schlafprobleme haben, kann Ihnen die
Tiefenentspannung helfen. Sie können dabei, im
Bett liegend, Ihrem Ein- und Ausatmen folgen.
Manchmal wird Ihnen das helfen, einzuschlafen.
Diese Praxis ist aber auch dann sehr gut und nütz-
lich, wenn Sie nicht einschlafen können, denn sie
ist sehr nährend und lässt Sie zur Ruhe kommen.

Sie können aber auch das Bild eines Achtsam-
keitsstrahls nutzen, mit dem Sie Ihren Körper
durchleuchten. Dabei wenden Sie Ihre Aufmerksamkeit jedem Körperteil zu, umfangen es mit
Ihrer Aufmerksamkeit und senden ihm, während
Sie ein- und ausatmen, Liebe und Fürsorge. Be-
darf irgendein Teil Ihres Körpers der Heilung, so
sollten Sie diesem mehr Zeit und Fürsorge wid-
men und sich ihm mit liebender Güte zuwenden.

Vielleicht möchten Sie die Übung in einer auf Sie persönlich zugeschnittenen Fassung aufnehmen und ihr dann folgen.

Gehen Sie ganz langsam durch die Übung, legen Sie sich dabei auf den Rücken, die Arme seitlich am Körper. Machen Sie es sich bequem und erlauben Sie Ihrem Körper, sich zu entspannen. Seien Sie des Bettes unter Ihnen gewahr und lassen Sie sich von ihm unterstützen. Werden Sie sich Ihres Atems bewusst, wie sie ein- und ausatmen. Nehmen Sie auch Ihre Bauchdecke wahr, die sich beim Ein- und Ausatmen hebt und senkt. Sammeln Sie die Energie der Achtsamkeit und wenden Sie sich Ihren Augen zu. Lächeln Sie Ihren Augen zu. Über gesunde Augen zu verfügen ist eine Bedingung für unser Glück. Entspannen Sie die Augen. Lassen Sie die Spannungen in allen kleinen Muskeln im Augenbereich los. Senden Sie Ihren Augen Liebe und Dankbarkeit. Sagen Sie still:

Einatmend bin ich meiner Augen gewahr.
Ausatmend lächle ich meinen Augen zu.

Einatmend bringen Sie Ihre Aufmerksamkeit zu Ihrem Mund. Ausatmend entspannen Sie den Mund. Lassen Sie die Spannungen in Ihrem Kiefer und Ihrer Kehle los. Lassen Sie auf Ihren Lippen ein leichtes Lächeln erblühen, das die Spannungen in Ihrem Gesicht weiter löst.

Einatmend bringen Sie Ihre Aufmerksamkeit zu Ihren Schultern. Ausatmend entspannen Sie die Schultern und lassen Sie alle angesammelte Spannung los.

Umarmen Sie mit der Energie der Achtsamkeit Ihr Herz und lächeln Sie ihm zu. Sie haben Ihr Herz lange Zeit durch die Art, wie Sie arbeiten, essen und mit Aufregung und Stress umgehen, vernachlässigt. Umarmen Sie achtsam und zärtlich Ihr Herz, versöhnen Sie sich mit Ihrem Herzen und begegnen Sie ihm künftig mit mehr Fürsorge. Sagen Sie still:

Einatmend bin ich meines Herzens gewahr.
Ausatmend lächle ich meinem Herzen zu.

Sie können diese Übung mit anderen Teilen Ihres Körpers, zum Beispiel Ihrer Leber fortsetzen. Umfangen Sie Ihre Leber mit Zärtlichkeit, Liebe und Mitgefühl. Vertiefen Sie durch bewusstes Atmen die Achtsamkeit, halten Sie Ihre Leber mit Achtsamkeit und schenken Sie ihr ein Lächeln. Einatmend bringen Sie Ihre Aufmerksamkeit zu Ihren Beinen, Knöcheln, Füßen und dann den Zehen. Entspannen Sie alle Muskeln. Vielleicht mögen Sie die Zehen ein wenig hin und her bewegen, damit die Spannung herausströmt. Einatmend und ausatmend fühlt sich der ganze Körper leicht an wie Entengrütze auf dem Wasser. Sie müssen nirgends hingehen, nichts tun. Sie sind frei wie eine Wolke am Himmel.

Tiefenentspannung können Sie zu Hause jeden Tag machen, wo immer Sie sich bequem hinlegen können. Haben Sie keine Zeit für die ganze Übung, können Sie auch zwei oder drei Körperteile auswählen und diese entspannen.

Sie können diese Übung auch zusammen mit Ihrer Familie durchführen. Eine Person kann

durch die Sitzung führen und dabei die oben an-
gegebenen Stichworte nehmen. Nach der Tiefenentspannung kann die anleitende Person noch für
einige Minuten Musik anstellen oder etwas sin-
gen. Nach weiteren stillen Momenten lenkt sie
dann die Aufmerksamkeit der Anwesenden zurück zum Atem und dem Heben und Senken der
Bauchdecke. Als Nächstes werden Sie der Arme
und Beine gewahr, bewegen diese vielleicht ein
wenig und strecken sich. Dann rollen sich alle auf
eine Seite, setzen sich auf und stehen, wenn sie
bereit dazu sind, langsam wieder auf.

Wenn wir uns ausruhen können, wird alles ein-
facher. Ist unser Zuhause ein Ort der Ruhe, wird
es zu einem Zufluchtsort. Bei all der Geschäftigkeit um uns herum sollten wir, so denke ich, jeden
Tag Tiefenentspannung praktizieren. Wir alle –
ob Erwachsene oder Kinder, Lehrende oder Stu-
dierende, Ärzte oder Patienten, Freundinnen oder
Kollegen – brauchen einen Ort, an dem wir innehalten und zur Ruhe kommen können. Wenn wir
unser Zuhause in einen Ort verwandeln, an dem

wir Tiefenentspannung praktizieren, an dem wir innehalten, bewusst atmen und ein achtsames Leben führen, können wir zur Ruhe kommen, heilen und unser körperliches und geistiges Wohlbefinden wiederherstellen und dieses mit anderen teilen. Wir können unser Bestes tun.

Über Thich Nhat Hanh, den Zen-Meister, Dichter und Friedensaktivisten

Thich Nhat Hanh lebt im Südwesten Frankreichs im Kloster und Praxiszentrum Plum Village. Neben dem Dalai Lama gilt Thich Nhat Hanh als einer der einflussreichsten buddhistischen Lehrer und als führender Vertreter der buddhistischen Friedensbewegung. Er ist sein Leben lang ein Anwalt für Frieden, Menschenrechte und soziale Gerechtigkeit.

In all seinen Lehren betont Thich Nhat Hanh, wie wichtig es ist, die alte Weisheit auf das tägliche Leben zu beziehen. „Es gibt keine Erleuchtung außerhalb des täglichen Lebens", sagt er. Im gegenwärtigen Moment präsent sein, das ist es, was uns Glück verschafft. Bringen wir Körper und Geist im gegenwärtigen Moment zusammen, werden wir Frieden erfahren können sowie unsere Einheit mit der Menschheit und allem Leben.

Thich Nhat Hanh wurde als Nguyen Xuan Bao 1926 in Zentralvietnam während der schweren Zeit französischer Kolonialherrschaft geboren. Mit sechzehn Jahren trat er in das Zenkloster Tu Hieu, etwas außerhalb von Hue gelegen, ein und begann seine Ausbildung als Novize.

Nach seiner monastischen Ausbildung ging Thich Nhat Hanh nach Saigon, wo er der Herausgeber von *Vietnamese Buddhism* wurde, einer Zeitschrift, die junge Buddhisten und Friedensaktivisten inspirierte.

1954 wurde Vietnam geteilt und das Diem-Regime mit Unterstützung der USA im Süden etabliert. Das markierte den Beginn der US-amerikanischen Besatzung und des Vietnamkrieges.

1963 wurde Thich Nhat Hanh eingeladen, in Princeton zu studieren und dann an der Columbia-Universität in New York zu lehren. 1964 kehrte er nach Saigon zurück, wo er die Schule der Jugend für Soziale Dienste (SYSS) gründete. Sie war ein Beispiel für „sozialen Buddhismus". In der SYSS wurden junge, engagierte Mönche,

Nonnen und Laien zu Sozialarbeitern ausgebildet, um den Menschen während des Krieges beizustehen. Sie halfen beim Wiederaufbau von Dörfern und der Ansiedlung von Flüchtlingen und sie sorgten für Nahrung, Erziehung, medizinischen und juristischen Beistand sowie für die spirituelle Unterstützung von Menschen, die durch den Krieg am Ende ihrer Kräfte waren. Viele SYSS-Studenten wurden bei ihrer Arbeit verwundet oder getötet.

1966 gründete Thich Nhat Hanh den Tiep-Hien-Orden, den Intersein-Orden. Der Orden hat sich der Praxis des Buddhismus, der Achtsamkeit, der sozialen Verantwortung und der Gewaltfreiheit verschrieben. Zwei Jahre später reiste Thich Nhat Hanh in die USA, um den Menschen dort von den Auswirkungen des Kriegs zu erzählen und zum Frieden aufzurufen. Als sein Bemühen in Vietnam bekannt wurde, untersagte man ihm die Rückkehr nach Vietnam und er siedelte schließlich nach Frankreich über. Von 1969 an repräsentierte er die buddhistische Friedensdelegation bei den Pariser Friedensgesprächen zwischen den USA und Nordvietnam, und er gab dabei dem Wunsch der vietnamesischen Bevölkerung nach Frieden und einem Kriegsende eine Stimme. Nach der Unterzeichnung des Friedensabkommens und dem Ende des Krieges 1975 hoffte er, nach Hause zurückkehren zu können. Doch auch die neue vietnamesische Regierung sah in ihm einen Feind, da er während des Krieges unparteiisch gewesen war, und so musste er weiterhin im Exil leben.

1982 gründete er Plum Village, einen Ort, an dem Mönche, Nonnen und Laien aus vielen Ländern das ganze Jahr über als Sangha, als spirituelle Familie, zusammenleben. In ihrem Zusammenleben will die Gemeinschaft den Frieden verkörpern, den sie gern in der Welt verwirklicht sehen würde. In diesem Praxiszentrum sind auch Laienpraktizierende und Familien eingeladen, für eine Woche oder länger zu bleiben, und es kommen Menschen aus allen Teilen der Welt. Palästinenser und Israelis sind hier einmal jährlich bei einem speziellen Retreat, das sich „Frieden beginnt hier" nannte, zusammengetroffen. Viele Vietnamveteranen sind nach Plum Village gekommen, um an Retreats teilzunehmen, und sie haben Frieden finden können.

2005 war es Thich Nhat Hanh zum ersten Mal nach 39 Jahren erlaubt, zu einem dreimonatigen Besuch nach Vietnam zurückzukehren. Während der Reise hielt er Vorträge, traf sich mit alten Freunden und Kollegen, aber auch mit Regierungsvertretern und führte die Plum-Village-Praktiken in einer Reihe von Klöstern ein. Weitere Reisen nach Vietnam fanden 2007 und 2008 statt.

Im Jahr 2018 kehrte Thich Nhat Hanh nach Vietnam zurück und lebte im Tu-Hieu-Tempel in Hue, in dem er auch Mönch geworden war. Hier verstarb er am 22. Januar 2022 im Alter von 95 Jahren.

Praxiszentren und Klöster in der Tradition Thich Nhat Hanhs

Plum Village
Das buddhistische Meditationszentrum wurde
1982 von Thich Nhat Hanh in Frankreich
als erstes Zentrum im Westen gegründet.
www.plumvillage.org

EIAB Europäisches Institut für angewandten Buddhismus
Das Zentrum wurde 2008 von Thich Nhat Hanh
in Deutschland gegründet und bietet Seminare
und Kurse an.
www.eiab.eu

InterSein Zentrum für Leben in Achtsamkeit
Haus Maitreya
www.intersein-zentrum.de

Quelle des Mitgefühls
Buddhistisches Übungszentrum
www.quelle-des-mitgefuehls.de

DBU Deutsche Buddhistische Union
Dachverband der Buddhistinnen und
Buddhisten in Deutschland
www.buddhismus-deutschland.de

Um Stress abzubauen
und zur Ruhe zu kommen

128 Seiten I Kartoniert
ISBN 978-3-451-03347-6

»Das wahre Leben findet sich nur im gegenwärtigen Augenblick«, weiß Thich Nhat Hanh. Ob es darum geht, den Weg der Achtsamkeit zu betreten, die Magie der Liebe zu erfahren oder zum wahren Selbst zu finden – die goldenen Regeln versammeln die schönsten Worte des Zen-Meisters Thich Nhat Hanh. Das Leben im gegenwärtigen Augenblick ist viel mehr als nur als gesteigerte Aufmerksamkeit. Ein reicher Schatz an spiritueller Weisheit ist zu entdecken, voller Tiefe und Weitsicht, der den Schlüssel schenkt zu einem Dasein voller Erfüllung und Glück.

In jeder Buchhandlung!

HERDER

www.herder.de